AF545733

DR. JOSEPH MURPHY

Mit der Kraft Ihres Unterbewusstseins das Glück anziehen

Dr. Joseph

Murphy

Mit der Kraft Ihres Unterbewusstseins das Glück anziehen

Aus dem Amerikanischen
von Isabel Lamberty-Klaas

Die amerikanische Originalausgabe erschien 2021 unter dem Titel
Attract Happiness bei Hampton Roads Publishing Company.

Bibliografische Information der Deutschen Bibliothek

Die Deutsche Bibliothek verzeichnet diese Publikation in der Deutschen Nationalbibliografie; detaillierte bibliografische Daten sind im Internet unter www.dnb.de abrufbar.

Penguin Random House Verlagsgruppe FSC® N001967

1. Auflage

Umschlaggestaltung: Nele Schütz Design
Illustrationen: Isabel Klett
Satz: Satzwerk Huber, Germering
Druck und Bindung: PBtisk, a.s., PŘÍBRAM
Printed in Czech Republic

ISBN: 978-3-424-20272-4

Inhalt

Vorwort

Jeder Mensch, der jemals gelebt hat, kennt das Streben nach Glück. Wir sind dazu geschaffen, Leid und Schmerz hinter uns zu lassen und uns dem Vergnügen, dem Glück zuzuwenden. So wie das Atmen und Trinken ist das Streben nach Glück ein fester Bestandteil des menschlichen Daseins. Wir alle werden von diesem unwiderstehlichen Drang angetrieben.

Viele von uns verbringen einen großen Teil ihres Lebens damit, ihr Glück an den falschen Orten zu suchen. Als wollten wir die Nadel im Heuhaufen finden, ohne zu begreifen, dass wir nicht finden können, was nie da war. Das vielleicht größte Hindernis ist der Glaube, unser Glück hinge von äußeren Bedingungen ab: »Wenn sich mein Ehepartner ändert, werde ich glücklich sein.« »Wenn ich mehr Geld verdiene, werde ich glücklich sein.« »Wenn wir eine bessere Regierung haben, werde ich glücklich sein.«

Diejenigen, die unter diesem Fluch stehen, sind die meiste Zeit unglücklich, denn die Wahrheit ist, dass es immer Hindernisse auf unserem Weg geben wird. Es wird immer Dinge außerhalb unserer selbst geben, die wir nicht kontrollieren können. Und doch ist das Glück buchstäblich zum Greifen nah.

Joseph Murphy war einer der wichtigsten Lehrer der Neugeist-Bewegung des 20. Jahrhunderts. Er schrieb, lehrte und hielt zahlreiche Vorträge über Bewusstsein und das menschliche Potenzial. Seine Worte zeigen uns, dass wir auch in unruhigen Zeiten Freude finden können. Sie sind nicht nur in der Lage, Ihr Leben bewusster zu gestalten und zu erfahren und die Bedingungen herbeizuführen, die Ihnen zusagen, sondern können auch ohne diese äußeren Bedingungen Glück von innen heraus schaffen. Denn Glück findet im Inneren statt. Und da es im Inneren stattfindet, haben Sie die freie Verfügung und vollständige Kontrolle darüber. Sie erschaffen Ihr Glück durch die Bedeutung und die persönliche Relevanz, die Sie Ihren Gedanken und Gefühlen – Ihrem Unterbewusstsein – beimessen. Vielleicht können Sie äußere Ereignisse nicht immer steuern, aber Sie haben immer die volle Kontrolle darüber, wie Sie damit umgehen.

Mit der Kraft Ihres Unterbewusstseins das Glück anziehen erinnert uns an unsere wahre Quelle des Glücks, das dann entsteht, wenn wir unser Unterbewusstsein mit der Quelle des Lebens in unserem Inneren in Einklang bringen, mit der Quelle, aus der alle Dinge fließen – der Lebenskraft. Und sie ist auch in Ihnen. Sie drückt sich als Sie, durch Sie und für Sie aus.

Die Welt hat uns über Jahrtausende hinweg gelehrt, uns von unserem wahren Selbst abzuwenden, unsere eigene göttliche Schöpfungskraft zu vergessen, uns lediglich als Fleisch und Knochen zu betrachten, als unbedeutende Geschöpfe, die der Gnade äußerer Kräfte ausgeliefert sind. Ein Mensch, der sich seiner eigenen inneren spirituellen Kräfte nicht bewusst ist, unterliegt seinen Ängsten, seinen konditionierten und einschränkenden Gedanken und Gefühlen, der Massenunbewusstheit. Der Mensch, der sich seiner Beziehung zur Quelle bewusst ist, wird zu einem wissentlichen Schöpfer, dessen innerer Kompass stabil bleibt, ungeachtet dessen, was um ihn herum und in der Welt geschehen mag.

Es wird immer Dinge außerhalb unserer selbst geben, die wir nicht kontrollieren können. Und doch ist das Glück buchstäblich zum Greifen nah.

Meiner Erfahrung nach haben alle Probleme der Menschheit nur eine einzige Ursache: den tief sitzenden Glauben an die Illusion, von der Quelle getrennt zu sein. Sie können sich aber jederzeit dafür entscheiden, sich nach der Quelle auszurichten statt nach der Angst. Diese Ausrichtung drückt sich buchstäblich durch Ihre Gedanken und Gefühle aus. Indem Sie sich weigern, selbstzerstörerische Gedanken und Emotionen zuzulassen, wählen Sie das Glück. Joseph Murphys Worte werden Ihnen helfen, die Verbindung zu Ihrer inneren Quelle zu erkennen und zu stärken. Durch die Lektüre dieser Worte werden Sie immer mehr Vertrauen in die Überzeugung gewinnen, dass Sie das Glück anziehen können. Nehmen Sie Ihr Leben in die Hand. Nehmen Sie Ihr Recht in Anspruch, bedingungslos glücklich zu sein. Genießen Sie dieses kleine Buch.

David Cameron Gikandi,
Autor von *A Happy Pocketful of Money*

Einführung

Jeder sehnt sich nach Gesundheit, Glück, Sicherheit, Seelenfrieden und wahrer Entfaltung, aber vielen gelingt es nicht, klar definierte Ergebnisse zu erzielen. Ein Universitätsprofessor gestand mir kürzlich: »Ich weiß, dass meine Magengeschwüre nicht mehr auftreten würden, wenn ich mein Denkmuster ändern und mein Gefühlsleben neu ausrichten würde, aber ich verfüge über keine Technik, kein Verfahren und keine Vorgehensweise dafür. Meine Gedanken kreisen um meine vielen Probleme, und ich fühle mich frustriert, überwältigt und unglücklich.«

Dieser Professor wünschte sich vollkommene Gesundheit; was er benötigte, war das Wissen über die Funktionsweise seines Geistes, das ihn in die Lage versetzen würde, sich seinen Wunsch zu erfüllen. Indem er die Methoden anwandte, die in diesem Buch beschrieben werden, wurde er gesund und fand das Glück, das er suchte.

Warum ist ein Mensch traurig und ein anderer glücklich? Warum sind die einen fröhlich und wohlhabend und die anderen arm und unglücklich? Warum ist der eine furchtsam und ängstlich und der andere voller Glauben und Zuversicht? Warum erleiden so viele gute, liebenswürdige, religiöse Menschen die Qualen der Verdammten an Geist und Körper? Warum haben viele unmoralische, ungläubige Menschen Erfolg und Wohlstand und genießen Überfluss und Glück? Gibt es in den Mechanismen Ihres Bewusstseins und Unterbewusstseins eine Antwort auf diese Fragen?

Ja, mit Sicherheit.

Gründe für das Verfassen dieses Buches

Der ausdrückliche Zweck, der mich dazu bewogen hat, dieses Buch zu schreiben, ist die Beantwortung und Klärung dieser und vieler anderer Fragen ähnlicher Natur. Ich habe mich bemüht, die großen grundlegenden Wahrheiten Ihres Geistes in möglichst einfacher Sprache zu erläutern.

Ich glaube, dass es durchaus möglich ist, die wesentlichen, grundlegenden und fundamentalen Gesetze des Lebens und des Geistes in gewöhnlicher Alltagssprache zu erklären. Ich bitte Sie eindringlich, dieses Buch zu studieren und die darin beschriebenen Techniken anzuwenden; und wenn Sie das tun, bin ich absolut davon überzeugt, dass Sie einer wundersamen Kraft habhaft werden, die Sie aus Verwirrung, Elend, Melancholie und Versagen erhebt und Sie an Ihren wahren Platz führt, die Ihre Schwierigkeiten löst, Sie von emotionalen und physischen

Fesseln befreit und Sie auf den Königsweg zu Freiheit, Seelenfrieden und Glück bringt. Die wundertätige Kraft Ihres Unterbewusstseins kann Sie von dem heilen, was Sie hemmt, und Ihnen helfen, Ihre inneren Kräfte zu nutzen, um die Gefängnistür der Angst zu öffnen und in ein Leben einzutreten, das Paulus als die herrliche Freiheit der Kinder Gottes beschreibt.

Die wundertätige Kraft Ihres Unterbewusstseins kann Sie von dem heilen, was Sie hemmt.

Das Einzigartige an diesem Buch ist seine bodenständige Praxisnähe. Es werden Ihnen einfache, nützliche Techniken und Prinzipien vorgestellt, die Sie in Ihrem Alltag leicht anwenden können. Ich habe Männern und Frauen auf der ganzen Welt und aus allen Gesellschaftsschichten diese einfachen Verfahren beigebracht und dieses Material vor Gruppen mit über tausend Teilnehmern aller Religionszugehörigkeiten präsentiert; viele dieser Menschen legten Entfernungen von zweihundert Meilen oder mehr für jede Unterrichtsstunde zurück.

Die Besonderheiten dieses Buches werden Sie ansprechen, weil sie Ihnen einerseits zeigen, warum Sie oft das Gegenteil von dem bekommen, wofür Sie gebetet haben, und Ihnen andererseits die Gründe dafür offenbaren. In allen Teilen der Welt und viele Tausend Male haben Menschen mich gefragt: »Warum habe ich gebetet und gebetet und keine Antwort bekommen?« In diesem Buch werden

Sie die Gründe für diese häufige Beschwerde finden. Die vielen Möglichkeiten, dem Unterbewusstsein Dinge einzuprägen und die richtigen Antworten zu erhalten, machen dieses Buch zu einem außerordentlich wertvollen Werk und zu einer stets gegenwärtigen Hilfe in Zeiten der Not.

Was glauben Sie?

Nicht die Sache, an die wir glauben, bringt eine Antwort auf unser Gebet; die Antwort auf das Gebet ergibt sich, wenn unser Unterbewusstsein auf das geistige Bild oder den Gedanken reagiert, den wir im Kopf haben.

Auf diesem Gesetz des Glaubens beruhen alle Religionen der Welt, und es ist der Grund, aus dem sie psychologisch betrachtet wahr sind. Buddhisten, Christen, Muslime und Juden können Antworten auf ihre Gebete erhalten, und zwar nicht aufgrund eines bestimmten Glaubensbekenntnisses, einer Religion, einer Zugehörigkeit, eines Rituals, einer Zeremonie, einer Formel, einer Liturgie, einer Beschwörung, eines Opfers oder einer Opfergabe, sondern allein aufgrund des Glaubens oder der geistigen Akzeptanz und Empfänglichkeit für das, wofür sie beten.

Das Gesetz des Lebens ist das Gesetz des Glaubens, und der Glaube ist kurz gesagt ein Gedanke in Ihrem Kopf. Was Sie denken, fühlen und glauben, bestimmt die Verfassung Ihres Geistes, Ihres Körpers und Ihrer Umstände. Eine Technik, eine Methodik, die auf dem Verständnis dessen beruht, was Sie tun und warum Sie es tun, wird Ihnen helfen, all die guten Dinge des Lebens unterbewusst zu entfalten.

Ein erhörtes Gebet ist im Wesentlichen die Erfüllung eines Herzenswunsches.

Ihr Gebet wird erhört, weil Ihr Unterbewusstsein ein Prinzip ist, und mit Prinzip meine ich die Art und Weise, wie eine Sache funktioniert. Das Prinzip der Elektrizität ist zum Beispiel, dass sie von einem höheren zu einem niedrigeren Potenzial fließt. Sie ändern das Prinzip der Elektrizität nicht, wenn Sie sie benutzen, aber indem Sie mit der Natur zusammenarbeiten, können Sie wunderbare Erfindungen und Entdeckungen hervorbringen, die die Menschheit auf unzählige Arten beglücken.

Ihr Unterbewusstsein ist ein Prinzip und arbeitet nach dem Gesetz des Glaubens. Sie müssen wissen, was Glaube ist, warum und wie er funktioniert. Das Gesetz Ihres Geistes ist das Gesetz des Glaubens. Das bedeutet, dass Sie an die Funktionsweise Ihres Geistes glauben müssen, um an den Glauben selbst zu glauben. Der Glaube Ihres Verstandes ist der Gedanke Ihres Verstandes – das ist einfach, nur das und nichts anderes.

All Ihre Erfahrungen, Ereignisse, Umstände und Handlungen sind die Reaktion Ihres Unterbewusstseins auf Ihre Gedanken. Denken Sie daran, dass nicht die Sache, an die Sie glauben, das Ergebnis hervorbringt, sondern der Glaube in Ihrem eigenen Geist.

Wenn Sie verstehen, was Sie tun und warum Sie es tun, wird dies zu einer unterbewussten Entfaltung aller guten Dinge des Lebens beitragen.

Hören Sie auf, an die falschen Überzeugungen, Meinungen, den Aberglauben und die Ängste anderer Menschen zu glauben. Fangen Sie an, an die ewigen Wahrheiten des Lebens zu glauben, die sich nie ändern. Dann werden Sie sich vorwärts, aufwärts und gottwärts bewegen.

Die wundertätigen Kräfte Ihres Unterbewusstseins existierten schon, bevor Sie und ich geboren wurden, bevor es eine Kirche oder eine Welt gab. Die großen ewigen Wahrheiten und Prinzipien des Lebens sind älter als alle Religionen.

In den folgenden Kapiteln fordere ich Sie auf, sich mit diesen Gedanken im Hinterkopf dieser wunderbaren, magischen, transformierenden Macht zu bedienen – einer Macht, die seelische und körperliche Wunden heilen, dem angstbesetzten Geist Freiheit verkünden und Sie vollständig von den Beschränkungen des Unglücks, des Versagens, des Elends, des Mangels und der Frustration befreien wird. Alles, was Sie tun müssen, ist, sich geistig und emotional mit dem Guten zu verbinden, das Sie entfalten möchten, und die schöpferischen Kräfte Ihres Unterbewusstseins werden entsprechend reagieren.

Beginnen Sie jetzt, heute, lassen Sie Wunder in Ihrem Leben geschehen!

1 Lernen Sie Ihr Unterbewusstsein kennen

Sie haben nur einen Geist, aber Ihr Geist besitzt zwei unterschiedliche Eigenschaften. Die Abgrenzung zwischen den beiden ist allen denkenden Menschen heutzutage bestens bekannt. Die beiden Funktionen Ihres Geistes sind wesensverschieden. Jede ist mit unterschiedlichen und eigenständigen Merkmalen und Kräften ausgestattet.

Ihr Geist ist eine Dualität. Die dualen Begriffe, die im Allgemeinen verwendet werden, um die beiden Funktionen Ihres Geistes zu unterscheiden, lauten: der objektive und der subjektive Geist, der bewusste und der unterbewusste Geist, der wache und der schlafende Geist, das oberflächliche und das tiefe Selbst, der freiwillige und der unfreiwillige Geist, der männliche und der weibliche Geist – hinzu kommen viele andere, ähnliche Bezeichnungen. In diesem Buch werden die Begriffe »bewusst« und »unterbewusst« verwendet, um die duale Natur Ihres Geistes darzustellen.

Das Bewusstsein und das Unterbewusstsein

Eine ausgezeichnete Möglichkeit, sich mit den beiden Funktionen Ihres Geistes vertraut zu machen, besteht darin, ihn als einen Garten zu betrachten. Sie sind ein Gärtner, und Sie pflanzen den ganzen Tag lang Samen (Gedanken) in Ihr Unterbewusstsein, die auf Ihren Denkgewohnheiten basieren. Was Sie in Ihrem Unterbewusstsein säen, werden Sie in Ihrem Körper und Ihrem Umfeld ernten.

Beginnen Sie jetzt, Gedanken des Friedens, des Glücks, des richtigen Handelns, des Wohlwollens und des Wohlstands zu säen. Denken Sie ruhig und engagiert über diese Eigenschaften nach und nehmen Sie sie in Ihrem bewussten, denkenden Geist vollständig an. Pflanzen Sie diese wunderbaren Samen (Gedanken) weiterhin in den Garten Ihres Geistes, und Sie werden eine herrliche Ernte einfahren, eine Ernte des Glücks. Ihr Unterbewusstsein ist dem Boden vergleichbar, auf dem alle Arten von Samen wachsen, ob gut oder schlecht. Ernten Sie Trauben oder Dornen, Feigen oder Disteln? Jeder Gedanke ist also eine Ursache, und jeder Zustand ist eine Wirkung. Aus diesem Grund ist es wichtig, dass Sie Ihre Gedanken kontrollieren, um ausschließlich wünschenswerte Umstände hervorzubringen.

Wenn Ihr Geist richtig denkt, wenn Sie die Wahrheit verstehen, wenn die in Ihrem Unterbewusstsein gespeicherten Gedanken konstruktiv, harmonisch und friedlich sind, wird die magisch wirkende Kraft Ihres Unterbewusstseins reagieren und harmonische Bedingungen, eine angenehme Umgebung und das Beste von allem herbeiführen.

Wenn Sie damit beginnen, Ihre Gedankenprozesse zu kontrollieren, können Sie die Kräfte Ihres Unterbewusstseins auf jedes Problem oder jede Schwierigkeit anwenden. Mit anderen Worten, Sie arbeiten dann bewusst mit der unendlichen Macht und dem allmächtigen Gesetz zusammen, das alle Dinge regiert.

Schauen Sie sich um, wo immer Sie leben, und Sie werden feststellen, dass die überwiegende Mehrheit der Menschheit in der äußeren Welt lebt; die Menschen, die erleuchteter sind, interessieren sich mehr für die innere Welt. Denken Sie daran, dass es die innere Welt ist – nämlich Ihre Gedanken, Gefühle und Vorstellungen –, die Ihre äußere Welt erschafft. Sie ist daher die einzige schöpferische Kraft, und alles, was Sie in Ihrer äußeren Welt vorfinden, wurde von Ihnen in der inneren Welt Ihres Geistes erschaffen, bewusst oder unbewusst.

Das Wissen um das Zusammenspiel von Bewusstsein und Unterbewusstsein wird Sie in die Lage versetzen, Ihr ganzes Leben umzuformen. Um die äußeren Bedingungen zu ändern, müssen Sie die Ursache ändern. Die meisten Menschen versuchen, Bedingungen und Umstände zu ändern, indem sie sich mit Bedingungen und Umständen auseinandersetzen. Um Zwietracht, Verwirrung, Mangel und Begrenzung zu beseitigen, müssen Sie aber die Ursache beseitigen, und die Ursache ist die Art und Weise, wie Sie Ihr Bewusstsein einsetzen. Mit anderen Worten: die Art und Weise, wie Sie denken und sich Dinge vorstellen.

Sie leben in einem unergründlichen Meer von unendlichem Reichtum. Ihr Unterbewusstsein ist sehr empfindlich gegenüber Ihren Gedanken. Ihre Gedanken bilden die Form oder Matrix, durch die die unendliche Intelligenz, die Weisheit, die Lebenskräfte und die Energien Ihres Unterbewusstseins fließen. Die praktische Anwendung der Gesetze Ihres Geistes, wie sie dieses Buch veranschaulicht, wird dazu führen, dass Sie Reichtum statt Armut, Weisheit statt Aberglauben und Unwissenheit, Frieden statt Schmerz, Freude statt Traurigkeit, Licht statt Dunkelheit, Harmonie statt Zwietracht, Glaube und Zuversicht statt Angst, Erfolg statt Misserfolg erleben und vom Gesetz des Durchschnitts befreit werden. Kurz gesagt: Sie werden Glück erfahren.

In geistiger, emotionaler und materieller Hinsicht kann es wohl keinen größeren Segen geben als diese Auswirkungen. Die meisten großen Wissenschaftler, Künstler, Dichter, Musiker, Schriftsteller und Erfinder haben ein tiefes Verständnis für die Funktionsweise des Bewusstseins und Unterbewusstseins.

Kleines Ich, Großes Ich

Es gibt eine Geschichte, der zufolge der große Operntenor Caruso einmal von Lampenfieber geplagt wurde. Er sagte, dass die große Angst seine Kehle lähmte und die Muskeln seiner Stimmbänder verspannte. Der Schweiß rann ihm in Strömen über das Gesicht. Er schämte sich, weil er in wenigen Minuten auf die Bühne gehen sollte, aber vor Angst und Beklemmung zitterte. Er sagte: »Sie werden mich auslachen. Ich kann nicht singen.« Dann rief er im Beisein derjenigen, die mit ihm hinter der Bühne standen: »Das Kleine Ich will das Große Ich in mir erwürgen.«

Er sagte zum Kleinen Ich: »Verschwinde von hier, das Große Ich will durch mich singen.« Mit dem Großen Ich meinte er die grenzenlose Macht und Weisheit seines Unterbewusstseins, und er begann zu schreien: »Raus, raus, das Große Ich wird singen!«

Sein Unterbewusstsein reagierte und setzte die Lebenskräfte in ihm frei.

Als die Glocke ertönte, betrat er die Bühne und sang herrlich und majestätisch, und er zog das Publikum in seinen Bann. Caruso hatte die zwei Ebenen des Geistes offensichtlich verstanden – die bewusste oder rationale Ebene und die unterbewusste oder irrationale Ebene. Ihr Unterbewusstsein ist reaktiv und reagiert auf die Art Ihrer Gedanken. Wenn Ihr Bewusstsein (das Kleine Ich) voller Furcht, Sorgen und Ängste ist, werden die negativen Emotionen, die in Ihrem Unterbewusstsein (dem Großen Ich) entstehen, freigesetzt und überfluten das Bewusstsein mit einem Gefühl der Panik, Vorahnung und Verzweiflung. Während dies geschieht, können Sie, wie Caruso, bekräftigend und mit einem tiefen Gefühl der Autorität zu den irrationalen Emotionen sprechen, die in Ihrem Unterbewusstsein erzeugt werden: »Seid still, seid ruhig, ich habe die Kontrolle, ihr müsst mir gehorchen, ihr seid meinem Befehl unterworfen, ihr könnt euch nicht einmischen, wo ihr nicht hingehört.«

Es ist faszinierend und hochinteressant zu beobachten, wie Sie mit Autorität und Überzeugung zu den irrationalen Bewegungen Ihres tieferen Selbst sprechen und so Ruhe, Harmonie und Frieden in Ihren Geist bringen können. Das Unterbewusstsein unterliegt dem Bewusstsein und wird deshalb als unterbewusst oder subjektiv bezeichnet.

Das große Geheimnis, über das große Menschen zu allen Zeiten verfügten, war ihre Fähigkeit, mit den Kräften ihres Unterbewusstseins in Kontakt zu treten und sie freizusetzen – für Reichtum, für Frieden, für Glück. Sie können das Gleiche tun.

Glück ist ein Geisteszustand.

2
Glück und Ihr Unterbewusstsein

William James, der Vater der amerikanischen Psychologie, sagte, dass die größte Entdeckung des 19. Jahrhunderts nicht auf dem Gebiet der Naturwissenschaften stattgefunden hat.

Die größte Entdeckung war die Kraft des Unterbewusstseins, das vom Glauben berührt wird.

In jedem Menschen steckt dieses grenzenlose Reservoir der Kraft, das jedes Problem in der Welt überwinden kann. Wahres und dauerhaftes Glück wird an dem Tag in Ihr Leben treten, an dem Sie die klare Erkenntnis gewinnen, dass Sie jede Schwäche überwinden können – an dem Tag, an dem Sie erkennen, dass Ihr Unterbewusstsein Ihre Probleme lösen, Ihren Körper heilen und Sie erfolgreicher machen kann, als Sie es sich in Ihren kühnsten Träume vorgestellt hätten.

Vielleicht haben Sie sich sehr glücklich gefühlt, als Ihr Kind geboren wurde, als Sie geheiratet, Ihr Studium abgeschlossen oder einmal einen großen Sieg oder Preis errungen haben. Vielleicht waren Sie auch sehr glücklich, als Sie sich mit dem schönsten und attraktivsten Lebenspartner verlobt haben. Sie könnten noch unzählige Erlebnisse aufzählen, die Sie glücklich gemacht haben.

Doch so wunderbar diese Erfahrungen auch sein mögen, sie schenken kein wirklich dauerhaftes Glück – sie sind vergänglich.

Das Buch der Sprichwörter gibt die Antwort: Wer auf das Wort achtet, findet Glück; selig, wer auf den Herrn vertraut. Wenn Sie darauf vertrauen, dass der Herr (die Kraft und Weisheit Ihres Unterbewusstseins) Sie auf all Ihren Wegen führt, leitet, lenkt und dirigiert, werden Sie ausgeglichen, gelassen und entspannt sein. Indem Sie Liebe, Frieden und Wohlwollen auf alle ausstrahlen, schaffen Sie einen sicheren Überbau, um alle Tage Ihres Lebens glücklich zu sein.

Sie müssen sich dafür entscheiden, glücklich zu sein

Glücklichsein ist ein Geisteszustand. In der Bibel gibt es einen Satz, der besagt: Entscheidet euch heute, wem ihr dienen wollt. Sie haben die Freiheit, sich für das Glücklichsein zu entscheiden. Das mag außerordentlich einfach erscheinen, und das ist es auch. Vielleicht ist das der Grund, warum die Menschen auf dem Weg zum Glück zögern; sie sehen nicht, wie einfach der Schlüssel zum Glück ist. Die großen Dinge des Lebens sind einfach, dynamisch und kreativ. Sie erzeugen Wohlbefinden und Glück.

Der heilige Paulus offenbart Ihnen mit diesen Worten, wie Sie sich in ein Leben voller dynamischer Kraft und Glück hineindenken können: Im Übrigen, Brüder und Schwestern: Was immer wahrhaft, edel, recht, was lauter, liebenswert, ansprechend ist, was Tugend heißt und lobenswert ist, darauf seid bedacht! (Philipper 4,8)

Indem Sie Liebe, Frieden und Wohlwollen auf alle ausstrahlen, schaffen Sie einen Überbau, um alle Tage Ihres Lebens glücklich zu sein.

Wie Sie sich für das Glück entscheiden können

Beginnen Sie jetzt, sich für das Glücklichsein zu entscheiden. Machen Sie das folgendermaßen: Wenn Sie morgens die Augen öffnen, sagen Sie zu sich selbst: »Die göttliche Ordnung übernimmt heute und jeden Tag die Führung in meinem Leben. Alle Dinge wirken heute zum Guten für mich zusammen.

Dies ist ein neuer und wunderbarer Tag für mich. Es wird nie wieder einen Tag wie diesen geben. Ich werde den ganzen Tag über göttlich geführt werden, und was immer ich tue, wird erfolgreich sein.

Die göttliche Liebe umgibt mich, umfängt mich und hüllt mich ein, und ich gehe hin in Frieden. Wann immer meine Aufmerksamkeit von dem abschweift, was gut und konstruktiv ist, lenke ich sie sofort wieder auf alles, was liebenswert und ansprechend ist. Ich bin ein spiritueller und mentaler Magnet, der alle Dinge anzieht, die mich beglücken und mich gedeihen lassen. Ich werde heute in all meinen Unternehmungen wunderbare Erfolge haben. Ich werde ganz bestimmt den ganzen Tag lang glücklich sein.«

Regelmäßig und systematisch wiederholte Gedanken sinken in das Unterbewusstsein ein und werden zur Gewohnheit. Glücklichsein ist eine Gewohnheit.

Wenn Sie jeden Tag auf diese Weise beginnen, dann entscheiden Sie sich dafür, glücklich und ein strahlender, freudiger Mensch zu sein.

Machen Sie es sich zur Gewohnheit, glücklich zu sein

Vor einigen Jahren wohnte ich etwa eine Woche lang im Haus eines Bauern in Connemara an der Westküste Irlands. Dieser Mann schien immer zu singen und zu pfeifen und hatte reichlich Humor.

Ich fragte ihn nach dem Geheimnis seines Glücks, und seine Antwort lautete: »Es ist eine Gewohnheit von mir, glücklich zu sein. Jeden Morgen, wenn ich aufwache, und jeden Abend, bevor ich schlafen gehe, segne ich meine

Familie, die Feldfrüchte, das Vieh und danke Gott für den wunderbaren Ernteertrag.« Dieser Bauer hatte dies über vierzig Jahre lang praktiziert. Wie Sie wissen, sinken Gedanken, die regelmäßig und systematisch wiederholt werden, in das Unterbewusstsein ein und werden zur Gewohnheit. Er erkannte, dass Glück eine Gewohnheit ist.

Sie müssen sich wünschen, glücklich zu sein

Es gibt einen sehr wichtigen Aspekt beim Glücklichsein. Sie müssen es sich aufrichtig wünschen. Es gibt Menschen, die schon so lange deprimiert, niedergeschlagen und unglücklich sind, dass sie angesichts einer wunderbaren, guten, freudigen Nachricht, die sie plötzlich glücklich macht, tatsächlich wie die Frau reagieren würden, die zu mir sagte: »Es ist falsch, so glücklich zu sein!« Diese Menschen haben sich so sehr an die alten Denkmuster gewöhnt, dass sie sich nicht wohlfühlen, wenn sie glücklich sind! Sie sehnen sich nach dem früheren deprimierten, unglücklichen Zustand.

Machen Sie sich bewusst, dass die Welt, in der Sie leben, weitgehend von dem bestimmt wird, was in Ihrem Kopf vorgeht.

Ich kannte eine Frau in England, die viele Jahre lang an Rheuma litt. Sie klopfte sich auf die Knie und sagte: »Mein

Rheuma ist heute schlimm. Ich kann nicht rausgehen. Mein Rheuma macht mich unglücklich.«

Diese liebe ältere Dame erhielt viel Aufmerksamkeit von ihrem Sohn, ihrer Tochter und den Nachbarn. Tatsächlich brauchte sie ihr Rheuma. Sie genoss ihr »Elend«, wie sie es nannte. Diese Frau wollte eigentlich nicht glücklich sein.

Ich schlug ihr eine Heilungsmethode vor. Ich schrieb einige Bibelverse auf und sagte ihr, dass sich ihre geistige Einstellung zweifellos ändern würde, wenn sie diesen Wahrheiten Beachtung schenkte, und dass es ihren Glauben und ihre Zuversicht, wieder gesund zu werden, stärken würde. Sie war nicht interessiert. Viele Menschen scheinen eine merkwürdige, nahezu krankhafte geistige Neigung zu haben, die sie Unglück und Traurigkeit genießen lässt.

Die Wahrheit ist, dass Glück ein geistiger und spiritueller Zustand ist.

Warum sollten Sie sich dafür entscheiden, unglücklich zu sein?

Viele Menschen entscheiden sich für das Unglück, indem sie sich mit Ideen wie diesen beschäftigen:

»Heute ist ein schwarzer Tag, alles wird schiefgehen.« »Ich werde keinen Erfolg haben.« »Alle sind gegen mich.«

»Die Geschäfte laufen schlecht, und es wird noch schlimmer werden.« »Ich komme immer zu spät.« »Ich bekomme nie eine Chance.« »Er kann es, aber ich kann es nicht.«

Wenn Sie diese Geisteshaltung schon morgens beim Aufstehen haben, werden Sie all diese Erfahrungen auf sich ziehen und sehr unglücklich sein.

Machen Sie sich bewusst, dass die Welt, in der Sie leben, weitgehend von dem bestimmt wird, was in Ihrem Kopf vorgeht.

Mark Aurel, der große römische Philosoph und Gelehrte, sagte: »Das Leben eines Menschen ist das, was seine Gedanken daraus machen.« Ralph Waldo Emerson, Amerikas berühmtester Philosoph, sagte: »Ein Mensch ist das, was er den Tag über denkt.« Die Gedanken, die Sie gewohnheitsmäßig im Kopf haben, neigen dazu, sich in körperlichen Zuständen zu manifestieren.

Achten Sie darauf, dass Sie sich nicht mit negativen Gedanken, pessimistischen oder unfreundlichen, deprimierenden Gedanken abgeben. Rufen Sie sich immer wieder ins Gedächtnis, dass Sie nichts erfahren können, was außerhalb Ihrer eigenen Denkweise liegt.

Wenn ich eine Million Dollar hätte, wäre ich glücklich

Ich habe in verschiedenen Einrichtungen viele Männer besucht, die Millionäre waren, aber darauf beharrten, sie seien mittellos und bettelarm. Manche wurden wegen psychotischer, paranoider und manisch-depressiver Neigungen stationär behandelt. Reichtum an und für sich macht nicht glücklich. Andererseits ist er auch kein Hindernis für das Glücklichsein.

Heutzutage gibt es viele Menschen, die versuchen, sich durch den Erwerb von Mobiltelefonen, Fernsehgeräten, Autos, einem Haus auf dem Land, einer Privatjacht, einem Swimmingpool und vielem mehr Glück zu erkaufen, aber Glück können wir auf diese Weise nicht erwerben oder beschaffen.

Das Königreich des Glücks liegt in Ihrem Denken und Fühlen. Zu viele Menschen haben die Vorstellung, dass etwas Künstliches notwendig ist, um Glück zu erzeugen.

Manche sagen: »Wenn ich zum Bürgermeister gewählt, zum Präsidenten der Organisation ernannt oder zum Geschäftsführer des Unternehmens befördert würde, wäre ich glücklich.«

Die Wahrheit ist, dass Glück ein geistiger und spiritueller Zustand ist. Keine der genannten Funktionen wird notwendigerweise Glücksgefühle mit sich bringen. Ihre Kraft, Ihre Freude und Ihr Glück bestehen darin, hinter das Gesetz der göttlichen Ordnung und des richtigen Handelns zu gelangen, das in Ihrem Unterbewusstsein verankert ist, und diese Prinzipien in allen Bereichen Ihres Lebens anzuwenden.

3
Glück ist die Ernte eines ruhigen Geistes

Als ich vor einigen Jahren einen Vortrag in San Francisco hielt, sprach ich mit einem Mann, den die Entwicklung seines Unternehmens bedrückte und sehr unglücklich machte. Er war dessen Geschäftsführer. Sein Herz war voller Groll gegenüber dem Firmenchef und seinem Stellvertreter. Er behauptete, dass sie gegen ihn seien. Wegen dieses internen Streits liefen die Geschäfte schlecht; er erhielt keine Dividenden oder Mitarbeiteraktien. Seine beruflichen Probleme löste er, indem er jeden Morgen als Erstes folgende Affirmation im Stillen wiederholte:

»Alle, die in unserem Unternehmen arbeiten, sind ehrlich, aufrichtig, kooperativ, loyal und voll des guten Willens gegenüber allen um sie herum. Sie sind geistige und spirituelle Glieder in der Kette des Wachstums, des Wohlstands und des Wohlergehens dieses Unternehmens. Ich strahle in meinen Gedanken, Worten und Taten Liebe, Frieden und Wohlwollen für meine beiden Kollegen und für jeden im Unternehmen aus. Der Direktor unseres Unternehmens und sein Stellvertreter werden in all ihren Unternehmungen göttlich geleitet. Die unendliche Intelligenz meines Unterbewusstseins trifft alle Entscheidungen durch mich. Es gibt nur richtiges Handeln in all unseren geschäftlichen Transaktionen und in unserer Beziehung zueinander. Ich schicke die Boten des Friedens, der Liebe und des guten Willens vor mir ins Büro. Frieden und Harmonie herrschen in den Köpfen und Herzen aller Menschen im Unternehmen, einschließlich meiner selbst. Ich gehe nun in einen neuen Tag voller Glauben, Zuversicht und Vertrauen.«

Jeden Morgen wiederholte dieser Geschäftsmann die obige Meditation dreimal langsam und spürte dabei die Wahrheit dessen, was er sagte. Wenn ihm im Laufe des Tages ängstliche oder wütende Gedanken in den Sinn kamen, sagte er zu sich selbst: »Frieden, Harmonie und Gelassenheit beherrschen meinen Geist zu jeder Zeit.«

Indem er seinen Geist immer wieder auf diese Weise disziplinierte, hörten alle schädlichen Gedanken auf, und Frieden erfüllte seinen Geist. Er fuhr die Ernte ein, die mit Frieden einhergeht – Glücklichsein.

Später schrieb er mir, dass der Firmenchef und sein Stellvertreter ihn etwa zwei Wochen, nachdem er begonnen hatte, seine Gedanken neu auszurichten, ins Büro riefen, seine Arbeit und seine neuen konstruktiven Ideen lobten und bemerkten, wie glücklich sie sich schätzen konnten, ihn als Geschäftsführer zu haben. Er war hocherfreut über die Erkenntnis, dass das Glück in ihm selbst zu finden war.

Der Klotz oder Stumpf ist nicht wirklich vorhanden

Vor einigen Jahren las ich einen Zeitungsartikel, in dem von einem Pferd berichtet wurde, das vor einem Baumstumpf auf der Straße gescheut hatte. Auch später scheute das Pferd jedes Mal, wenn es in die Nähe dieses Baumstumpfes kam. Der Bauer grub den Stumpf aus, verbrannte ihn und ebnete die alte Straße ein. Dennoch scheute das Pferd fünfundzwanzig Jahre lang jedes Mal wieder, wenn es an der Stelle vorbeikam, an der er sich befunden hatte. Das Pferd scheute vor der Erinnerung an einen Baumstumpf.

Es gibt kein Hindernis für Ihr Glück, außer in Ihrem eigenen Gedankenleben und Ihren geistigen Bildern. Werden Sie von Angst oder Sorgen gehemmt? Angst ist ein Gedanke in Ihrem Kopf. Sie können sie noch in diesem Augenblick tilgen, indem Sie sie durch den Glauben an Erfolg, Leistung und die Überwindung aller Probleme ersetzen.

Ich kannte einen Mann, der im Geschäftsleben gescheitert war. Er sagte zu mir: »Ich habe Fehler gemacht. Ich habe eine Menge gelernt. Ich werde wieder ins Geschäft einsteigen, und ich werde sehr erfolgreich sein.« Er stellte sich dem Stumpf in seinem Kopf. Er jammerte oder beklagte sich nicht, sondern riss den Stumpf des Scheiterns heraus, und weil er daran glaubte, dass seine inneren Kräfte ihn unterstützten, verbannte er alle Gedanken der Angst und früheren Niedergeschlagenheit. Glauben

Sie an sich selbst, und Sie werden Erfolg haben und glücklich sein.

Die glücklichsten Menschen

Die glücklichsten Menschen sind diejenigen, die ständig das Beste in sich hervorbringen und ins Werk setzen. Glück und Tugend ergänzen sich gegenseitig. Die Besten sind nicht nur die Glücklichsten; die Glücklichsten sind gewöhnlich auch die Besten in der Kunst, das Leben erfolgreich zu leben. Gott ist das Höchste und Beste in Ihnen. Bringen Sie mehr von Gottes Liebe, Licht, Wahrheit und Schönheit zum Ausdruck, und Sie werden zu einem der glücklichsten Menschen der Welt werden.

Die glücklichsten Menschen sind diejenigen, die ständig das Beste in sich hervorbringen und ins Werk setzen.

Epiktet, der griechische Philosoph und Vertreter des Stoizismus, sagte: »Es gibt nur einen Weg zur Seelenruhe und Glückseligkeit; lass dies also immer bei dir sein, sowohl wenn du früh am Morgen erwachst als auch während des ganzen Tages und wenn du spät zu Bett gehst, dass du keine äußeren Dinge für dein Eigentum hältst, sondern alles Gott überlässt.«

4
Glück und harmonische zwischenmenschliche Beziehungen

Bei der Lektüre dieses Buches lernen Sie, dass Ihr Unterbewusstsein ein Aufnahmegerät ist, das alles, was Sie ihm einprägen, getreulich wiedergibt. Dies ist einer der Gründe für die Anwendung der Goldenen Regel in zwischenmenschlichen Beziehungen. In diesem Kapitel werden wir einige Beispiele für »Behandle andere so …« betrachten.

In Matthäus 7,12 heißt es: Alles, was ihr wollt, dass euch die Menschen tun, das tut auch ihnen! Dieses Zitat hat eine äußere (bewusste) und eine innere (unbewusste) Bedeutung.

Wir interessieren uns für die innere Bedeutung aus der Sicht des Unterbewusstseins, die lautet: Wie Sie möchten, dass andere über Sie denken, so sollten Sie auch über sie denken. Wie Sie möchten, dass andere Ihnen gegenüber empfinden, so sollten Sie auch ihnen gegenüber empfinden. Wie Sie möchten, dass andere sich Ihnen gegenüber verhalten, in gleicher Weise sollten Sie sich auch ihnen gegenüber verhalten.

Es kann zum Beispiel sein, dass Sie höflich und zuvorkommend zu jemandem sind, der gerade in Ihrem Büro ist, aber sehr kritisch und verärgert über ihn denken, sobald er Ihnen den Rücken zukehrt. Solche negativen Gedanken sind äußerst destruktiv für Sie. Es ist so, als würden Sie Gift einnehmen. Sie nehmen tatsächlich geistiges Gift zu sich; es raubt Ihnen Vitalität, Enthusiasmus, Kraft, Orientierung und Wohlwollen. Diese negativen Gedanken und Gefühle sinken in Ihr Unterbewusstsein und verursachen alle möglichen Schwierigkeiten und Krankheiten in Ihrem Leben.

Der Generalschlüssel zu glücklichen Beziehungen mit anderen

Richtet nicht, damit ihr nicht gerichtet werdet! Denn wie ihr richtet, so werdet ihr gerichtet werden und nach dem Maß, mit dem ihr messt, werdet ihr gemessen werden. (Matthäus 7,1-2)

Das Studium dieser Verse und die Anwendung der darin enthaltenen inneren Wahrheiten sind der wahre Schlüssel zu harmonischen Beziehungen. Urteilen heißt denken, zu einem geistigen Urteil oder einer Schlussfolgerung in Ihrem Verstand kommen. Der Gedanke, den Sie über die andere Person haben, ist Ihr Gedanke, weil Sie ihn denken.

Ihre Gedanken sind schöpferisch; somit erschaffen Sie in Ihrer eigenen Erfahrung tatsächlich, was Sie über die andere Person denken und ihr gegenüber empfinden. Auch gilt, dass Sie das, was Sie anderen suggerieren, ebenso sich selbst suggerieren, denn Ihr Geist ist das schöpferische Organ.

Ihre Gedanken sind schöpferisch; somit erschaffen Sie in Ihrer eigenen Erfahrung tatsächlich das, was Sie denken und fühlen.

Deshalb heißt es: Denn wie ihr richtet, so werdet ihr gerichtet werden. Wenn Sie dieses Gesetz und die Funktionsweise Ihres Unterbewusstseins kennen, dann achten Sie darauf, dass Sie anderen gegenüber richtig denken, fühlen und handeln. Diese Verse unterweisen Sie in der Selbstbestimmung der Menschheit und offenbaren Ihnen die Lösung für Ihre eigenen Probleme.

Behandle andere so …

Das Gute, das Sie für andere tun, kommt im gleichen Maße zu Ihnen zurück; das Schlechte, das Sie tun, kommt nach dem Gesetz Ihres eigenen Geistes zu Ihnen zurück. Wenn ein Mensch einen anderen betrügt und hintergeht, betrügt und hintergeht er eigentlich sich selbst. Seine Schuldgefühle und sein Gefühl des Verlustes ziehen auf irgendeine Art und Weise und zu irgendeinem Zeitpunkt unweigerlich einen Verlust für ihn selbst nach sich. Sein Unterbewusstsein nimmt seine geistige Handlung auf und reagiert entsprechend der geistigen Absicht oder Motivation.

Ihr Unterbewusstsein ist neutral und unveränderlich, und es nimmt weder Rücksicht auf Personen noch auf religiöse Zugehörigkeiten oder Einrichtungen jeglicher Art. Es ist weder mitfühlend noch rachsüchtig. Die Art und Weise, wie Sie anderen gegenüber denken, fühlen und handeln, fällt letztlich auf Sie selbst zurück.

Seien Sie sich Ihrer selbst bewusst

Beginnen Sie jetzt, sich selbst zu beobachten. Beobachten Sie Ihre Reaktionen auf Menschen, Bedingungen und Umstände. Wie reagieren Sie auf die Ereignisse und Nachrichten des Tages? Es macht keinen Unterschied, ob alle anderen Menschen unrecht und nur Sie allein recht hatten. Wenn die Nachrichten Sie beunruhigen, ist das zu Ihrem Schaden, weil Ihre negativen Emotionen Sie des Friedens und der Harmonie beraubt haben.

Eine Frau schrieb mir, dass ihr Mann immer in Wut geriet, wenn er las, was manche Kolumnisten in der Zeitung schrieben.

Negative Emotionen berauben Sie des Friedens und der Harmonie.

Sie fügte hinzu, dass sein ständiger Zorn und seine unterdrückte Wut ihm Magengeschwüre verursachten und sein Arzt ihm eine emotionale Rekonditionierung empfahl.

Ich lud diesen Mann zu mir ein und erklärte ihm die Funktionsweise seines Denkens; ich wies ihn darauf hin, wie emotional unreif es ist, sich zu ärgern, wenn andere Artikel schreiben, die ihm missfallen oder mit denen er nicht einverstanden ist.

Nach und nach begriff er, dass er den Kolumnisten eine freie Meinungsäußerung zugestehen musste, auch wenn sie politisch, religiös oder anderweitig nicht mit ihm übereinstimmten. Auf die gleiche Weise gab die Zeitung ihm die Freiheit, einen Leserbrief zu schreiben, in dem er seinen Widerspruch gegenüber den veröffentlichten Äußerungen zum Ausdruck bringen konnte. Dieser Mann lernte, dass er anderer Meinung sein konnte, ohne feindselig zu sein. Ihm wurde die einfache Wahrheit bewusst, dass ihm niemals das schadet, was eine Person sagt oder tut, sondern dass es auf seine Reaktion darauf ankommt, was gesagt oder getan wird.

Diese Erklärung war das Heilmittel für diesen Mann, und er erkannte, dass er mit ein wenig Übung seine morgendlichen Wutanfälle in den Griff bekommen konnte. Seine Frau erzählte mir später, dass er über sich selbst lachte und auch darüber, was die Kolumnisten schrieben. Sie haben nicht mehr die Macht, ihn zu beunruhigen, zu ärgern und zu irritieren. Seine Magengeschwüre sind dank seiner emotionalen Ausgeglichenheit und Gelassenheit verschwunden, und er ist offensichtlich viel glücklicher.

Bitterkeit ist der Feind des Glücks

Eine Assistentin der Geschäftsführung war sehr verbittert über einige Kollegen in ihrem Unternehmen, die über sie tratschten und, wie sie sagte, bösartige Lügen über sie verbreiteten. Sie gab zu, dass sie keine Frauen mochte. Sie sagte: »Ich hasse Frauen, aber ich mag Männer.« Ich stellte außerdem fest, dass sie mit den Mitarbeiterinnen, die ihr unterstellt waren, in einem sehr hochmütigen, herrischen und gereizten Tonfall sprach. Sie betonte, dass es ihnen Spaß bereiten würde, ihr das Leben schwer zu machen. In ihrer Sprechweise lag eine gewisse Wichtigtuerei, und ich konnte mir vorstellen, dass ihr Tonfall auf manche Leute unangenehm wirkte.

»Ich werde gemäß dem Prinzip der Harmonie, des Wohlergehens und des inneren Friedens denken, sprechen und handeln.«

Wenn alle Menschen im Büro oder im Betrieb Sie nerven, könnte es da nicht einen gemeinsamen Nenner geben? Ist es nicht möglich, dass die Schwingungen, der Ärger und die Unruhe auf ein unterbewusstes Muster oder eine mentale Projektion Ihrerseits zurückzuführen sind? Wir wissen, dass ein Hund heftig reagiert, wenn Sie Hunde hassen oder fürchten. Die Tiere nehmen Ihre unterbewussten Schwingungen auf und reagieren entsprechend. Menschen sind auf einer unterbewussten Ebene genauso sensibel wie Hunde, Katzen und andere Tiere.

Ich schlug dieser Frau, die Frauen hasste, eine Gebetsmethode vor und erklärte ihr, dass ihre Stimme, ihr Verhalten und ihr Frauenhass völlig verschwinden würden, wenn sie sich mit spirituellen Werten identifizierte und anfinge, die Wahrheiten des Lebens zu bejahen. Sie war überrascht zu erfahren, dass sich die Emotion des Hasses in der Sprache, im Handeln, im Schreibstil und in allen Lebensbereichen eines Menschen zeigt. Sie entwickelte eine Gebetsformel, die sie regelmäßig, systematisch und gewissenhaft im Büro wiederholte. Sie hörte auf, in ihrer typischen, nachtragenden und wütenden Art und Weise zu reagieren.

Das Gebet lautete wie folgt: »Ich denke, spreche und handle liebevoll, ruhig und friedlich. Ich strahle jetzt Liebe, Frieden, Toleranz und Freundlichkeit für alle aus, die mich kritisiert und über mich getratscht haben. Ich verankere meine Gedanken in Frieden, Harmonie und Wohlwollen für alle. Wann immer ich im Begriff bin, negativ zu reagieren, sage ich mir überzeugt: ›Ich werde gemäß dem Prinzip der Harmonie, des Wohlergehens und des inneren Friedens denken, sprechen und handeln.‹

Die schöpferische Intelligenz leitet, bestimmt und führt mich auf all meinen Wegen.«

Die Praxis dieses Gebets veränderte ihr Leben, und sie stellte fest, dass alle Kritik und aller Verdruss aufhörten. Ihre Mitarbeiterinnen wurden zu Freundinnen auf ihrem Lebensweg. Sie erkannte, dass sie niemanden außer sich selbst ändern musste.

Projektion von Selbstnegativität auf andere

Eines Tages kam ein Verkäufer zu mir und schilderte mir seine Schwierigkeiten bei der Zusammenarbeit mit dem Verkaufsleiter seiner Firma. Seit zehn Jahren war er in dem Unternehmen tätig und hatte weder eine Beförderung noch irgendeine Art von Anerkennung erhalten. Er zeigte mir seine Verkaufszahlen, die höher waren als die der anderen Verkäufer in seinem Gebiet. Er sagte, dass der Verkaufsleiter ihn nicht mochte, dass er ungerecht behandelt wurde und dass der Manager bei Konferenzen unhöflich zu ihm war und sich manchmal über seine Vorschläge lustig machte.

Ich erklärte ihm, dass die Ursache zweifellos zu einem großen Teil in ihm selbst lag und dass seine Denkmodelle und seine Meinung über seinen Vorgesetzten sich in der Art und Weise spiegelten, wie sein Vorgesetzter auf ihn reagierte. »Nach dem Maß, mit dem ihr messt, werdet ihr gemessen werden.« Sein geistiges Maß oder seine Vorstellung von dem Verkaufsleiter war, dass dieser gemein und streitsüchtig sei. Er war voller Bitterkeit und Feindseligkeit gegenüber seinem Vorgesetzten. Auf dem Weg zur Arbeit führte er lebhafte Selbstgespräche voller Kritik, Argumentationen, Vorwürfe und Anschuldigungen gegenüber seinem Verkaufsleiter.

Was er gedanklich in Umlauf setzte, musste unweigerlich zu ihm zurückkehren. Ich half diesem Mann zu erkennen, dass sein innerer Monolog höchst destruktiv war, weil die Intensität und Kraft seiner unausgesprochenen Gedanken und Emotionen so stark war, dass er die gedankliche Verurteilung und Verunglimpfung des Verkaufsleiters in sein eigenes Unterbewusstsein zurückführte. Dies rief die negative Reaktion seines Chefs hervor und verursachte viele andere persönliche, körperliche und emotionale Störungen.

Er begann, häufig wie folgt zu beten:

»Ich bin der einzige Denker in meinem Universum. Ich bin dafür verantwortlich, was ich über meinen Chef denke. Mein Verkaufsleiter ist nicht dafür verantwortlich, wie ich über ihn denke. Ich weigere mich, einer Person, einem Ort oder einer Sache die Macht zu geben, mich zu ärgern oder zu beunruhigen. Ich wünsche meinem Chef Gesundheit, Erfolg, Seelenfrieden und Glück. Ich wünsche ihm von ganzem Herzen alles Gute und weiß, dass er auf all seinen Wegen göttlich geleitet wird.«

Er wiederholte dieses Gebet laut, langsam, ruhig und mit Überzeugung, denn er wusste, dass sein Geist wie ein Garten ist und dass alles, was er in den Garten pflanzt, aufgehen wird wie Samen nach ihrer Art.

Ich brachte ihm ebenfalls bei, vor dem Schlafengehen mentale Bilder zu kreieren. Er stellte sich vor, dass sein Verkaufsleiter ihm zu seiner guten Arbeit, seinem Einsatz und seinem Engagement und zu der wunderbaren Resonanz der Kunden gratulierte. Er spürte die Realität all dessen, fühlte den Händedruck seines Vorgesetzten, hörte den Tonfall seiner Stimme und sah sein Lächeln. Er drehte im Kopf einen echten Film und inszenierte ihn, so gut er konnte.

Nacht für Nacht spielte er diesen geistigen Film ab, denn er wusste, dass sein Unterbewusstsein das Speichermedium war, auf dem sich seine bewussten Bilder einprägten.

Wenn Sie emotional reif sind, reagieren Sie nicht negativ auf die Kritik und den Unmut anderer.

Durch einen Prozess, den wir als geistige und spirituelle Osmose bezeichnen könnten, wurde sein Unterbewusstsein allmählich geprägt, und diese Prägung entfaltete sich automatisch. Sein Chef rief ihn in der Folge nach San Francisco, beglückwünschte ihn und übertrug ihm eine neue Aufgabe als Verkaufsleiter, mit Verantwortung für einhundert Mitarbeiter und einer beachtlichen Gehaltserhöhung. Der Verkäufer änderte seine Einschätzung und Einstellung gegenüber seinem Chef, und dieser reagierte entsprechend.

Emotionale Reife erlangen

Was andere Menschen sagen oder tun, kann Sie nicht wirklich ärgern oder irritieren, es sei denn, Sie lassen zu, dass es Sie durcheinanderbringt. Einzig mittels Ihrer eigenen Gedanken können andere Sie ärgern. Wenn Sie zum Beispiel wütend werden, müssen Sie in Ihrem Geist die folgenden vier Phasen durchlaufen:

1. Sie beginnen, über das Gesagte nachzudenken.
2. Sie beschließen, wütend zu werden und
3. Sie erzeugen ein Gefühl der Wut.
4. Dann beschließen Sie zu handeln. Vielleicht antworten und reagieren Sie in gleicher Weise.

Sie können sehen, dass alles – der Gedanke, die Emotion, die Reaktion und die Aktion – in Ihrem Geist stattfindet.

Wenn Sie emotional reif sind, reagieren Sie nicht negativ auf die Kritik und den Unmut anderer. Das zu tun, würde bedeuten, dass Sie sich in den gleichen Zustand niedriger geistiger Schwingung hinabbegeben und mit der negativen Atmosphäre des anderen eins werden. Identifizieren Sie sich mit Ihrem Lebensziel und erlauben Sie keinem Menschen, keinem Ort und keiner Sache, Sie von Ihrem inneren Gefühl des Friedens, der Ruhe und des Glücks abzubringen.

Die Bedeutung der Liebe für harmonische zwischenmenschliche Beziehungen

Sigmund Freud, der österreichische Begründer der Psychoanalyse, sagte, dass die Persönlichkeit krank wird und stirbt, wenn sie keine Liebe erfährt. Liebe beinhaltet Verständnis, Wohlwollen und Respekt für das Göttliche in der anderen Person. Je mehr Liebe und Wohlwollen Sie ausstrahlen und verströmen, desto mehr kommt zu Ihnen zurück.

Wenn Sie das Ego Ihres Gegenübers kränken und sein Selbstwertgefühl verletzen, können Sie sein Wohlwollen nicht gewinnen. Erkennen Sie, dass jeder Mensch geliebt und geschätzt werden will und sich in der Welt wichtig fühlen möchte.

Machen Sie sich klar, dass die andere Person sich ihres wahren Wertes bewusst ist und, wie Sie selbst, den Respekt dafür spürt, ein Ausdruck des einen Lebensprinzips zu sein, welches alles belebt. Wenn Sie dies bewusst und ausdrücklich tun, bauen Sie die andere Person auf, und sie wird Ihre Liebe und Ihr Wohlwollen erwidern.

Erkennen Sie, dass jeder Mensch geliebt und geschätzt werden will und sich in der Welt wichtig fühlen möchte.

Er hasste das Publikum

Ein Schauspieler erzählte mir, dass das Publikum ihn bei seinem ersten Auftritt auf der Bühne ausgebuht und ausgepfiffen hatte. Er fügte hinzu, dass es ein schlechtes Stück gewesen sei und er zweifellos keine gute Rolle gespielt habe. Er gab mir gegenüber offen zu, dass er danach monatelang das Publikum hasste. Er nannte die Zuschauer Trottel, Dummköpfe, dumm, ignorant, naiv und so weiter. Angewidert beendete er seine Schauspielkarriere und arbeitete ein Jahr lang in einer Drogerie.

Eines Tages lud ihn ein Freund in die Stadt ein, um sich einen Vortrag mit dem Titel »Wie wir mit uns selbst auskommen« anzuhören. Dieser Vortrag veränderte sein Leben.

Er ging zurück auf die Bühne und begann, aufrichtig für das Publikum und sich selbst zu beten. Jeden Abend, bevor er die Bühne betrat, strömte er Liebe und Wohlwollen aus. Er machte es sich zur Gewohnheit zu bekräftigen, dass der Friede Gottes die Herzen aller Anwesenden erfüllt und dass alle Anwesenden erhaben und beseelt sind. Bei jedem Auftritt sandte er liebevolle Schwingungen an das Publikum aus. Heute ist er ein großer Schauspieler, der die Menschen liebt und respektiert. Sein Wohlwollen und seine Wertschätzung übertragen sich auf andere und sind für alle spürbar.

Umgang mit schwierigen Menschen

Es gibt schwierige Menschen auf der Welt, die einen verbitterten Geist haben und falschen Glaubenssätzen anhängen. Viele sind streitsüchtig, unkooperativ, übellaunig, zynisch und mögen das Leben nicht.

Diese Leute können unter einer Verbitterung leiden – möglicherweise sogar unter einer Krankheit, die diese verstärkt. Sie würden niemanden verurteilen, der unter hohem Blutdruck leidet, und genauso wenig sollten Sie Menschen verurteilen, die eine schwierige Persönlichkeit haben. Sie sollten Mitgefühl und Verständnis aufbringen.

Alles zu verstehen heißt, alles zu verzeihen.

Das Leid liebt Gesellschaft

Eine hasserfüllte, frustrierte und zynische Persönlichkeit ist nicht im Einklang mit dem Unendlichen und hegt einen Groll gegenüber jedem, der friedlich, glücklich und fröhlich ist.

Normalerweise kritisieren, verurteilen und verunglimpfen unglückliche Menschen diejenigen, die gut und freundlich zu ihnen gewesen sind. Ihre Haltung ist die folgende: »Warum sollten andere glücklich sein, wenn ich so unglücklich bin?« Das Leid will andere auf sein eigenes Niveau herunterziehen. Das Leid liebt Gesellschaft. Wenn Sie das verstehen, bleiben Sie ungerührt, ruhig und leidenschaftslos.

Die Praxis der Empathie in zwischenmenschlichen Beziehungen

Kürzlich kam ein Mann zu mir und erzählte, er hasse eine Kollegin in seinem Büro. Als Grund gab er an, dass diese Frau besser aussehe, glücklicher und wohlhabender sei als er und außerdem mit dem Chef der Firma verlobt, in der sie arbeiteten. Eines Tages, nach der Hochzeit, kam die verhasste Mitarbeiterin mit einem Kind ins Büro. Das Kind umarmte seine Mutter und sagte: »Mama, Mama, ich liebe meinen neuen Papa! Schau, was er mir geschenkt hat!« Das Kind zeigte seiner Mutter ein wunderbares neues Spielzeug.

Der besagte Mann hatte dies miterlebt und erklärte mir: »Mein Herz flog diesem kleinen Mädchen zu, und ich wusste, wie glücklich sie sich fühlen musste. Plötzlich hatte ich eine Vorstellung davon, wie glücklich meine Kollegin war, und ich fühlte ihr gegenüber Wärme und Glück. Ich ging ins Büro und wünschte ihr alles Glück der Welt, und ich meinte es auch so.«

Bleiben Sie Ihrem Ideal treu.

In psychologischen Kreisen wird dies heute als Empathie bezeichnet, was nichts anderes bedeutet als die Fähigkeit, die eigene geistige Haltung auf eine andere Person zu projizieren.

Dieser Mann projizierte seine geistige Stimmung – oder das Gefühl seines Herzens – auf seine Kollegin und begann, die Welt durch die Augen dieser Frau zu betrachten. Er begann tatsächlich, wie die Mitarbeiterin und auch wie das Kind zu denken und zu fühlen, weil er sich ebenfalls in den Geist des Kindes versetzt hatte. Und durch das geistige beziehungsweise mentale Auge des Kindes konnte er seine Kollegin aus diesem neuen Blickwinkel betrachten.

Wenn Sie versucht sind, einen anderen zu verletzen oder schlecht über ihn zu denken, versetzen Sie sich geistig in die Gedankenwelt von Moses und denken Sie aus dem Blickwinkel der Zehn Gebote.

Die Harmonie des Teils ist die Harmonie des Ganzen.

Wenn Sie dazu neigen, neidisch, eifersüchtig oder zornig zu sein, dann versetzen Sie sich in den Geist von Jesus, Buddha oder Mohammed und denken Sie aus diesem Blickwinkel – so werden Sie die Wahrheit der Worte »Liebet einander« spüren.

Beschwichtigung gewinnt nie

Erlauben Sie sich Einfühlungsvermögen, erlauben Sie sich, in die Schuhe eines anderen zu schlüpfen und die Welt durch dessen Augen zu betrachten. Lassen Sie jedoch nicht zu, dass andere Sie ausnutzen und durch Wutausbrüche oder Heulkrämpfe ihren Willen durchsetzen.

Erlauben Sie niemandem, seine unbewussten Abgründe auf Sie zu projizieren. Solche Menschen sind Diktatoren, die Sie unterwerfen und dazu bringen wollen, nach ihrer Pfeife zu tanzen. Bleiben Sie standhaft, aber freundlich, und weigern Sie sich nachzugeben. Einfühlungsvermögen und Verständnis sind nicht dasselbe wie Beschwichtigung. Beschwichtigung bringt nie etwas. Weigern Sie sich, zu ihren Verfehlungen, ihrem Egoismus und ihrer Besitzgier beizutragen. Denken Sie daran: Tun Sie, was richtig ist. Sie sind hier, um Ihr Ideal zu erfüllen und der ewigen Wahrheit und den spirituellen Werten des Lebens treu zu bleiben.

Geben Sie niemandem die Macht, Sie von Ihrem Lebensziel abzulenken, das darin besteht, Ihre verborgenen Talente in der Welt zu entfalten, der Menschheit zu dienen und allen Menschen immer mehr göttliche Weisheit, Wahrheit und Schönheit zu offenbaren.

Bleiben Sie Ihrem Ideal treu. Seien Sie sich mit Bestimmtheit und ohne Zweifel bewusst, dass alles, was zu Ihrem Frieden, Ihrem Glück und Ihrer Erfüllung beiträgt, zwangsläufig alle beglückt, die auf der Erde leben.

Die Harmonie des Teils ist die Harmonie des Ganzen, denn das Ganze ist im Teil, und der Teil ist im Ganzen. Wie Paulus sagt: Alles, was Sie anderen schulden, ist Liebe, und Liebe ist die Erfüllung des Gesetzes von Glück und Seelenfrieden.

5
Vergebung als Weg zum Glück

Das Leben bevorzugt niemanden. Gott ist Leben, und dieses Lebensprinzip fließt in diesem Augenblick durch Sie hindurch. Gott liebt es, sich durch Sie als Harmonie, Frieden, Schönheit, Freude und Fülle auszudrücken. Das nennt man den Willen Gottes oder den Sinn des Lebens.

Wenn Sie in Ihrem Geist einen Widerstand gegen den Fluss des Lebens aufbauen, der durch Sie hindurchfließt, wird sich dieser emotionale Stau in Ihrem Unterbewusstsein festsetzen und alle möglichen negativen Zustände verursachen. Gott hat nichts mit unglücklichen oder chaotischen Zuständen in der Welt zu tun. Unser eigenes negatives und destruktives Denken führt sie herbei. Deshalb ist es unsinnig, Gott für unsere Probleme, Krankheiten und unser Unglück verantwortlich zu machen.

Viele von uns bauen gewohnheitsmäßig einen geistigen Widerstand gegen den Fluss des Lebens auf, indem sie Gott die Schuld für das Leiden der Menschheit geben und ihm Vorwürfe machen. Andere geben Gott die Schuld für ihre Schmerzen, ihr Leid, ihren Verlust, ihre persönlichen

Tragödien und Unfälle. Sie sind wütend auf Gott und glauben, dass er für ihr Elend verantwortlich ist.

Solange die Menschen solche negativen Vorstellungen von Gott haben, werden sie die automatischen negativen Reaktionen ihres Unterbewusstseins erfahren.

Tatsächlich wissen die Menschen, die solche Schuldzuweisungen nach außen richten, nicht, dass sie sich nur selbst bestrafen. Sie können erst in das Glück und in schöpferisches Handeln eintreten, wenn sie die Wahrheit erkennen, Befreiung finden und alle Ablehnung, Feindseligkeit und jeden Groll gegen irgendjemanden oder irgendeine Macht außerhalb ihrer selbst aufgeben. In dem Moment, in dem diese Menschen einen Gott der Liebe in ihre Gedanken und ihre Herzen lassen und glauben, dass Gott liebevoll über sie wacht, sich um sie kümmert, sie führt, unterstützt und stärkt, wird dieses Prinzip und dieser Glaube an Gott – das Lebensprinzip – von ihrem Unterbewusstsein akzeptiert, und sie werden sich auf mannigfaltige Art und Weise beglückt fühlen.

Das Leben vergibt Ihnen immer

Das Leben vergibt Ihnen, wenn Sie sich in den Finger schneiden. Die unterbewusste Intelligenz in Ihnen macht sich sofort daran, den Schnitt zu reparieren. Neue Zellen bauen Brücken über die Schnittwunde. Wenn Sie aus Versehen etwas Verdorbenes essen, verzeiht Ihnen das Leben und veranlasst Sie, es wieder auszuspucken, um Sie zu schützen. Wenn Sie sich die Hand verbrennen, reduziert das Lebensprinzip das Ödem und den Blutandrang und gibt Ihnen neue Haut, neues Gewebe und neue Zellen. Das Leben hegt keinen Groll gegen Sie – es vergibt Ihnen immer. Das Leben führt Sie zu Glück, Vitalität, Harmonie und Frieden zurück, wenn Sie kooperieren und im Einklang mit der Natur denken. Schlechte, schmerzliche Erinnerungen, Bitterkeit und Groll stauen sich und behindern den freien Fluss des Lebensprinzips in Ihnen.

Verbannen Sie Schuldgefühle

Ich kannte einen Mann, der jede Nacht bis ein Uhr arbeitete. Er kümmerte sich weder um seine beiden Jungen noch um seine Frau. Er war immer viel zu sehr damit beschäftigt, hart zu arbeiten. Er war der Meinung, dass man ihm auf die Schulter klopfen sollte, weil er jede Nacht so hart und ausdauernd bis nach Mitternacht schuftete. Sein Blutdruck stieg ins Unermessliche, und er war voller Schuldgefühle.

Unbewusst bestrafte er durch seine harte Arbeit und die völlige Vernachlässigung seiner Kinder sich selbst.

**Das Leben führt Sie zum Glück zurück,
wenn Sie im Einklang mit der Natur denken.**

Ein glücklicher Vater tut so etwas nicht. Er interessiert sich für seine Kinder und für ihre Entwicklung. Ein glücklicher Ehemann schließt seine Frau nicht von seiner Welt aus.

Ich erklärte ihm, warum er so hart arbeitete: »Irgendetwas frisst Sie innerlich auf, sonst würden Sie sich nicht so verhalten. Sie bestrafen sich selbst, und Sie müssen lernen, sich zu vergeben.«

Wie sich herausstellte, hatte er tatsächlich tiefe Schuldgefühle. Es waren Schuldgefühle gegenüber seinem Bruder.

Ich erklärte ihm, dass nicht Gott ihn bestrafte, sondern allein er sich selbst.

Sehen Sie es so: Wenn Sie die Gesetze des Lebens falsch anwenden, werden Sie entsprechend leiden. Wenn Sie Ihre Hand auf ein blankes, unter Strom stehendes Elektrokabel legen, werden Sie sich verbrennen. Die Kräfte der Natur sind nicht böse; es ist Ihr Umgang mit ihnen, der bestimmt, ob sie eine gute oder schlechte Wirkung haben. Elektrizität ist nicht böse; es kommt darauf an, wie wir sie nutzen: um etwas in Brand zu setzen oder einen Raum zu beleuchten. Die einzige Sünde ist die Unkenntnis des Gesetzes, und die einzige Strafe ist die automatische Reaktion auf Ihren falschen Gebrauch des Gesetzes.

Wenn Sie das Prinzip der Chemie falsch anwenden, können Sie Ihr Haus, Ihr Büro oder Ihre Fabrik in die Luft sprengen. Wenn Sie mit der Hand auf ein Holzbrett schlagen, kann es passieren, dass Ihre Hand blutet. Das Brett ist nicht für diesen Zweck gedacht. Es könnte dazu dienen, sich anzulehnen oder die Füße abzustützen.

Dieser Mann erkannte, dass Gott niemanden verurteilt oder bestraft und dass all sein Leid die Reaktion seines Unterbewusstseins auf sein eigenes negatives und destruktives Denken war. Er hatte einst seinen Bruder betrogen, der nun verstorben war. Der Mann war voller Gewissensbisse und Schuldgefühle.

Ich fragte ihn: »Würden Sie Ihren Bruder jetzt noch betrügen?« Er sagte: »Nein.«

»Hatten Sie das Gefühl, dass Sie damals im Recht waren?« Seine Antwort lautete: »Ja.«

»Aber Sie würden es jetzt nicht mehr tun?«

Er fügte hinzu: »Nein, ich helfe anderen zu erkennen, wie sie leben sollen.«

Ich bemerkte Folgendes: »Sie haben jetzt eine bessere Einsicht und ein besseres Verständnis. Vergebung bedeutet, sich selbst zu verzeihen. Vergebung bedeutet, Ihre Gedanken in Einklang mit dem göttlichen Gesetz der Harmonie zu bringen. Selbstverurteilung wird Hölle genannt (Knechtschaft und Einschränkung), Vergebung wird Himmel genannt (Harmonie und Frieden).«

Die Last der Schuld und der Selbstverurteilung wurde von ihm genommen, und er kehrte in einen Zustand des Glücks und des Friedens zurück. Er hörte auf, seine Familie zu meiden. Sein Blutdruck normalisierte sich. Sein Heilmittel war, sein Unterbewusstsein zu verstehen.

Ohne Ihre Zustimmung kann Kritik Sie nicht verletzen

Eine Lehrerin erzählte mir, dass eine ihrer Kolleginnen einen Vortrag, den sie gehalten hatte, kritisiert und ihr gesagt habe, sie spreche zu schnell, sie verschlucke einige der Wörter, sie sei nicht zu verstehen, ihre Aussprache sei schlecht und ihr Vortrag unverständlich. Sie war wütend und voller Groll auf ihre Kritikerin.

Sie gab mir gegenüber jedoch zu, dass die Kritik gerechtfertigt war. Ihre anfängliche Reaktion war in der Tat kindisch, und sie stimmte zu, dass das Feedback in Wirklichkeit ein Segen war und eine wunderbare Gelegenheit für Verbesserungen darstellte. Sie machte sich sofort daran, die Mängel in ihrer Vortragsweise zu beheben, indem sie ein Rhetorikseminar belegte. Die Lehrerin schrieb ihrer Kritikerin und dankte ihr dafür, dass sie Interesse für sie gezeigt hatte; sie brachte ihre Wertschätzung der Schlussfolgerungen und Erkenntnisse zum Ausdruck, die es ihr ermöglichten, umgehend Verbesserungen vorzunehmen.

Wie Sie mitfühlend sein können

Aber nehmen wir an, dass nichts von dem, was die Kritikerin anmerkte, auf die Lehrerin zugetroffen hätte. Die Lehrerin hätte erkannt, dass ihr Vortrag die Vorurteile, den

Aberglauben oder die engstirnigen, sektiererischen Überzeugungen der Kritikerin erschüttert hatte und dass die andere Person ihren Groll nur deshalb so vehement äußerte, weil eine psychische Verletzung aufgebrochen war.

Diese Art von Verständnis bedeutet, mitfühlend zu sein. Der nächste logische Schritt wäre, für den Frieden, die Harmonie und das Verständnis der anderen Person zu beten.

Sie können nicht verletzt werden, wenn Sie wissen, dass Sie Herr über Ihre Gedanken, Reaktionen und Gefühle sind.

Emotionen folgen den Gedanken, und Sie haben die Macht, alle Gedanken zurückzuweisen, die Ihnen schaden könnten.

Vor dem Altar verlassen

Vor einigen Jahren besuchte ich eine Kirche, um eine Trauung vorzunehmen. Der Bräutigam erschien nicht, und nach zwei Stunden Wartezeit vergoss die zukünftige Braut ein paar Tränen und sagte dann zu mir: »Ich habe für göttliche Führung gebetet. Dies könnte die Antwort sein, denn der Herr geht nie fehl.«

Das war ihre Reaktion – ihr Glaube an Gott und alles Gute. Sie war nicht verbittert, denn wie sie sagte: »Es war offensichtlich nicht das Richtige, denn ich habe darum gebetet, dass wir beide richtig handeln.« Jemand anderes wäre bei einer ähnlichen Erfahrung ausgerastet, emotional zusammengebrochen, hätte Beruhigungsmittel gebraucht oder wäre furchtbar wütend geworden.

Stimmen Sie sich auf die unendliche Intelligenz in Ihrem Unterbewusstsein ein und vertrauen Sie dessen Reaktion so, wie Sie einem Elternteil vertrauen würden, der Sie wie ein Kind in die Arme schließt. Auf diese Weise können Sie Gelassenheit sowie geistige und emotionale Gesundheit erlangen.

Vergebung ist notwendig für die Heilung

Vergebung gegenüber anderen ist für den geistigen Frieden unerlässlich. Sie müssen jedem vergeben, der Sie jemals verletzt hat, wenn Sie Ihr Glück finden wollen. Vergeben Sie sich selbst, indem Sie Ihre Gedanken in Einklang mit dem göttlichen Gesetz und der göttlichen Ordnung bringen. Sie können sich selbst nicht vollständig vergeben, wenn Sie nicht zuerst anderen vergeben haben. Die Weigerung, sich selbst zu vergeben, ist nicht mehr und nicht weniger als spirituelle Überheblichkeit oder Ignoranz.

In der psychosomatischen Medizin wird heute immer wieder betont, dass Missgunst, Ablehnung, Gewissensbisse und Feindseligkeit die Ursache für eine Vielzahl von Krankheiten sind, von Kopfschmerzen bis hin zu Herzerkrankungen. Viele Menschen, die körperlich leiden, wurden gekränkt, misshandelt, betrogen oder verletzt und sind voller Groll und Hass auf diejenigen, die sie verletzt haben.

Die Emotionen folgen den Gedanken, und Sie haben die Macht, alle Gedanken zurückzuweisen, die Ihnen schaden könnten.

Dieses Festhalten an einer Verletzung wird dazu führen, dass die Wunden in Ihrem Unterbewusstsein sich entzünden und verschlimmern. Es gibt nur ein Heilmittel. Sie müssen die Verletzungen und das empfundene Unrecht ausräumen und auslöschen, und der einzige sichere Weg, dies zu tun, ist Vergebung.

Vergebung ist gelebte Liebe

Der wesentliche Bestandteil der Kunst der Vergebung ist die Bereitschaft zu vergeben. Wenn Sie den aufrichtigen Wunsch haben, einem anderen zu vergeben, haben Sie die Hürde zu einundfünfzig Prozent überwunden. Sicherlich wissen Sie, dass jemandem zu vergeben nicht unbedingt bedeutet, dass Sie die andere Person mögen müssen oder mit ihr Kontakt haben wollen. Kein Mensch kann gezwungen werden, jemand anderen zu mögen, so wie keine Regierung von den Menschen Wohlwollen, Liebe, Frieden oder Toleranz erzwingen kann. Es ist völlig unmöglich, Menschen zu mögen, nur weil der Präsident in Washington ein entsprechendes Dekret erlässt. Wir können jedoch Menschen lieben, ohne sie zu mögen.

Die Bibel sagt: Liebt einander. Das kann jeder tun, der es wirklich will. Liebe bedeutet, einem anderen Menschen Gesundheit, Glück, Frieden, Freude und alle Segnungen des Lebens zu wünschen. Es gibt nur eine Voraussetzung, und das ist Aufrichtigkeit. Wenn Sie vergeben, sind Sie nicht großherzig, sondern eigentlich egoistisch, denn was Sie dem anderen wünschen, wünschen Sie eigentlich sich selbst. Der Grund dafür ist, dass Sie es denken und fühlen. So wie Sie denken und fühlen, so sind Sie. Was könnte einfacher sein?

Die Technik der Vergebung

Das Folgende ist eine einfache Methode, deren Anwendung in Ihrem Leben Wunder wirkt: Bringen Sie Ihren Geist zur Ruhe, entspannen Sie sich, und lassen Sie los. Denken Sie an Gott und seine Liebe zu Ihnen, und bekräftigen Sie dann: »Ich vergebe (nennen Sie den Namen des Übeltäters) vollständig und aus freien Stücken; ich lasse ihn geistig und seelisch los. Ich vergebe alles, was mit der fraglichen Angelegenheit zusammenhängt. Ich bin frei, und er/sie ist frei. Das ist ein wunderbares Gefühl. Es ist mein Tag der Generalamnestie. Ich spreche alle und jeden frei, der mich jemals verletzt hat, und ich wünsche einem und einer jeden Gesundheit, Glück, Frieden und alle Segnungen des Lebens. Ich tue dies aus freien Stücken, freudig und liebevoll, und wann immer ich an die Person oder die Personen denke, die mich verletzt haben, sage ich: ›Ich habe dich freigesprochen, und alle Segnungen des Lebens gehören dir.‹ Ich bin frei, und du bist frei. Es ist wunderbar!«

Das große Geheimnis wahrer Vergebung besteht darin, dass es nicht mehr nötig ist, das Gebet zu wiederholen, sobald wir einer Person vergeben haben. Wann immer Ihnen die Person in den Sinn kommt oder Sie an die Verletzung denken, wünschen Sie dem Übeltäter alles Gute und sagen: »Friede sei mit dir.« Tun Sie dies so oft, wie Ihnen der Gedanke in den Sinn kommt. Sie werden feststellen, dass der Gedanke an die Person oder das Erlebnis nach ein paar Tagen immer seltener auftaucht, bis er sich in nichts auflöst.

Die Feuerprobe für Vergebung

Es gibt einen Säuretest für Gold. Und es gibt auch eine Feuerprobe für Vergebung. Wenn ich Ihnen etwas Wundervolles über jemanden erzähle, der Ihnen unrecht getan, Sie betrogen oder hintergangen hat, und es in Ihnen kocht, während Sie die positiven Dinge über diese Person hören, dann ist der Hass noch in Ihrem Unterbewusstsein verwurzelt und richtet Schaden in Ihrem Inneren an. Das ist die Feuerprobe.

Nehmen wir an, Sie hatten vor einem Jahr einen schmerzhaften Abszess am Kiefer und haben mir davon erzählt. Ich würde Sie beiläufig fragen, ob Sie jetzt noch Schmerzen haben.

Wenn Sie das schöpferische Gesetz Ihres eigenen Geistes verstehen, hören Sie auf, andere für Ihr Unglück verantwortlich zu machen.

Sie würden wahrscheinlich sagen: »Natürlich nicht, ich habe eine Erinnerung daran, aber keine Schmerzen mehr.« Das ist die ganze Geschichte. Sie haben vielleicht eine Erinnerung an den Vorfall, aber spüren keinen Stachel im Fleisch und keinen Schmerz mehr. Das ist die Feuerprobe, und Sie müssen sie psychisch und geistig bestehen, sonst machen Sie sich nur etwas vor und üben nicht die wahre Kunst des Vergebens.

Vergeben heißt, etwas zu geben. Schenken Sie anderen Liebe, Frieden, Freude, Weisheit und alle Segnungen des Lebens, bis es keinen Stachel mehr in Ihrem Geist gibt.

Alles zu verstehen heißt, alles zu verzeihen

Wenn Sie das schöpferische Gesetz Ihres eigenen Geistes verstehen, hören Sie auf, anderen Menschen und Umständen die Schuld für Erfolg oder Scheitern in Ihrem Leben zuzuweisen. Sie wissen, dass Ihre Gedanken und Gefühle

Ihr Schicksal erschaffen. Außerdem sind Sie sich bewusst, dass Äußerlichkeiten nicht die Ursachen und Bedingungen für Ihr Leben und Ihre Erfahrungen sind.

Der Gedanke, dass andere Ihr Glück trüben können, dass Sie der Spielball eines grausamen Schicksals sind, dass Sie sich anderen widersetzen und gegen sie kämpfen müssen, um zu überleben – all diese und ähnliche Gedanken sind haltlos, wenn Sie verstehen, dass Gedanken Dinge sind. Die Bibel sagt es so: Denn wie einer, der berechnend ist, so ist er. (Buch der Sprichwörter 23,7)

6
Schritte, um Glück anzuziehen

Wahres und dauerhaftes Glück wird an dem Tag in Ihr Leben treten, an dem Sie die klare Erkenntnis gewinnen, dass die Kraft Ihres Unterbewusstseins die Hindernisse aus dem Weg räumen kann, die Sie davon fernhalten. Die Geschichten und Lektionen in diesem Buch haben sich auf drei einfache Prinzipien konzentriert: 1) die Macht des Gebetes und des Vorsatzes; 2) andere so zu behandeln, wie wir selbst behandelt werden möchten; 3) der Akt vollständiger Vergebung. Hier ist eine Zusammenfassung der Schritte, die notwendig sind, um Glück in Ihrem Leben anzuziehen.

Die Kraft Ihres Unterbewusstseins

- William James sagte, dass die größte Entdeckung des 19. Jahrhunderts die Kraft des vom Glauben berührten Unterbewusstseins war.
- In Ihnen schlummert eine wunderbare Macht. Glücklich werden Sie sein, wenn Sie vollkommenes Ver-

trauen in diese Macht erlangen. Dann werden Sie Ihre Träume wahr werden lassen.

- Durch die wunderbare Kraft Ihres Unterbewusstseins können Sie jede Niederlage überwinden und alle Wünsche verwirklichen, die Sie in Ihrem Herzen hegen. Das ist die Bedeutung der Aussage: Selig, wer auf den Herrn [die geistigen Gesetze des Unterbewusstseins] vertraut.

Sie müssen sich für das Glück *entscheiden*. Glücklichsein ist eine Gewohnheit.

- Sie müssen sich für das Glück entscheiden. Glücklichsein ist eine Gewohnheit. Es ist eine gute Gewohnheit, oft über Folgendes nachzudenken: Was immer wahrhaft, edel, recht, was lauter, liebenswert, ansprechend ist, was Tugend heißt und lobenswert ist, darauf seid bedacht! (Philipper 4,8)
- Wenn Sie morgens die Augen öffnen, sagen Sie sich: »Ich wähle heute das Glück. Ich wähle heute den Erfolg. Ich wähle heute das richtige Handeln. Ich wähle heute Liebe und Wohlwollen für alle. Ich wähle heute Frieden.« Füllen Sie diese Affirmation mit Leben, Liebe und Bedeutung, und Sie haben sich für das Glück entschieden.
- Danken Sie mehrmals am Tag für alle Ihre Segnungen. Beten Sie für den Frieden, das Glück und das Wohlergehen all Ihrer Familienmitglieder, Ihrer Mitarbeiter und aller Menschen überall.

- Sie müssen sich aufrichtig wünschen, glücklich zu sein. Ohne echtes Verlangen können Sie nichts erreichen. Verlangen ist ein von Fantasie und Glauben beflügelter Wunsch. Stellen Sie sich die Erfüllung Ihres Wunsches vor und fühlen Sie seine Realität, dann wird er sich erfüllen. Glück kommt durch erhörte Gebete.
- Wenn Sie sich ständig mit Gedanken der Angst, der Sorge, der Wut, des Hasses und des Versagens beschäftigen, werden Sie deprimiert und unglücklich sein. Denken Sie daran, dass Ihr Leben das ist, was Ihre Gedanken aus ihm machen.
- Glück lässt sich nicht kaufen. Einige Millionäre sind sehr glücklich, andere sind sehr unglücklich. Viele Menschen mit wenigen irdischen Gütern sind sehr glücklich, und einige sind sehr unglücklich. Manche verheiratete Menschen sind glücklich, andere sehr unglücklich. Manche alleinstehende Menschen sind glücklich, und manche sind sehr unglücklich. Das Königreich des Glücks liegt in Ihrem Denken und Fühlen.
- Glück ist die Ernte eines ruhigen Geistes. Verankern Sie Ihre Gedanken in Frieden, Gelassenheit, Gewissheit und göttlicher Führung, und Ihr Geist wird Glück hervorbringen.
- Es gibt kein Hindernis für Ihr Glück. Äußere Dinge sind nicht ursächlich; sie sind Wirkung, nicht Ursache. Lassen Sie sich von dem einzigen schöpferischen Prinzip in Ihrem Inneren leiten. Ihr Gedanke ist die Ursa-

che, und eine neue Ursache erzeugt eine neue Wirkung. Wählen Sie das Glück.

- Der glücklichste Mensch ist derjenige, der das Höchste und Beste in sich hervorbringt. Gott ist das Höchste und das Beste in ihm, denn das Reich Gottes ist in ihm.

Glückliche zwischenmenschliche Beziehungen

- Ihr Unterbewusstsein ist ein Aufnahmegerät, das Ihre Denkgewohnheiten wiedergibt. Denken Sie gut über andere, und Sie denken tatsächlich gut über sich selbst.
- Ein hasserfüllter oder nachtragender Gedanke ist ein geistiges Gift. Denken Sie nicht schlecht über andere, denn wenn Sie das tun, denken Sie schlecht über sich selbst. Sie sind der einzige Denker in Ihrem Universum, und Ihre Gedanken sind schöpferisch.
- Ihr Geist ist ein schöpferisches Medium; was Sie also gegenüber anderen empfinden und über sie denken, führen Sie in Ihrer eigenen Erfahrung herbei. Das ist die psychologische Bedeutung der Goldenen Regel. So, wie Sie möchten, dass jemand über Sie denkt, so denken Sie auch über diese Person.
- Wer andere betrügt, beraubt oder hintergeht, verursacht bei sich selbst Mangel, Verlust und Beschränkungen. Ihr Unterbewusstsein zeichnet Ihre inneren Motivationen, Gedanken und Gefühle auf. Wenn diese von negativer

Natur sind – Verlust, Beschränkung und Ärger –, werden sie auf unzählige Arten zu Ihnen zurückkommen. Was Sie einem anderen antun, tun Sie sich selbst an.

- Das Gute, das Sie tun, die Freundlichkeit, die Sie anbieten, die Liebe und das Wohlwollen, welche Sie aussenden, werden in vielfacher Weise zu Ihnen zurückkommen.
- Sie sind der einzige Denker in Ihrer Welt. Sie sind verantwortlich für die Art und Weise, wie Sie über andere denken. Behalten Sie stets in Erinnerung, dass die andere Person nicht dafür verantwortlich ist, wie Sie über sie denken.
  Ihre Gedanken werden reproduziert. Was denken Sie gerade?
- Werden Sie emotional reif und erlauben Sie anderen Menschen, anderer Meinung zu sein als Sie. Andere Menschen haben das gute Recht, anderer Meinung zu sein als Sie, und Sie haben die gleiche Freiheit, anderer Meinung zu sein als andere. Sie können eine andere Meinung haben, ohne feindselig zu sein.
- Wenn Sie Angst haben, nehmen Tiere Ihre Schwingungen auf und schnappen nach Ihnen. Wenn Sie Tiere lieben, werden sie Sie niemals angreifen. Menschen sind genauso sensibel wie Hunde, Katzen und andere Tiere.
- Ihre inneren Monologe, die Ihre tief liegenden Gedanken und Gefühle abbilden, spiegeln sich in den Reaktionen anderer auf Sie wider.

- Wünschen Sie sich für andere, was Sie sich für sich selbst wünschen. Dies ist der Schlüssel zu harmonischen zwischenmenschlichen Beziehungen.
- Ändern Sie Ihre Meinung und Ihre Einschätzung gegenüber den Menschen in Ihrem Umfeld. Erkennen und verstehen Sie, dass sie die Goldene Regel und das Gesetz der Liebe praktizieren, und sie werden entsprechend reagieren.
- Niemand kann Sie ärgern oder irritieren, ohne dass Sie es zulassen. Ihre Gedanken sind kreativ; Sie können andere beglücken. Wenn jemand Sie einen Schweinehund schimpft, haben Sie die Freiheit zu antworten: »Gottes Friede erfüllt deine Seele.«
- Liebe ist die Antwort auf die Frage, wie wir mit anderen auskommen können. Liebe ist Verständnis, Wohlwollen und Respekt vor der Göttlichkeit des anderen.
- Haben Sie Mitgefühl und Verständnis für andere. Alles zu verstehen heißt, alles zu vergeben.
- Freuen Sie sich über die Erfolge, das Weiterkommen und das Glück anderer. Wenn Sie das tun, ziehen Sie Glück an.
- Geben Sie niemals den emotionalen Ausbrüchen und Wutanfällen anderer nach. Beschwichtigung bringt nie etwas. Seien Sie kein Fußabtreter. Halten Sie sich an das, was richtig ist. Halten Sie an Ihrem Ideal fest, denn Sie wissen, dass die geistige Einstellung, die Ihnen Frieden, Glück und Freude gibt, richtig, gut und wahr ist. Was Ihnen wohltut, tut allen wohl.

- Alles, was Sie den Menschen auf der Welt schulden, ist Liebe, und Liebe bedeutet, dass Sie jedem das wünschen, was Sie sich selbst wünschen – Gesundheit, Glück und alle Segnungen des Lebens.

Vergebung

- Gott, oder das Lebensprinzip, bevorzugt niemanden. Das Leben oder Gott begünstigt Sie, wenn Sie sich nach dem Prinzip der Harmonie, der Gesundheit, der Freude und des Friedens ausrichten.
- Gott, oder das Lebensprinzip, schickt niemals Krankheiten, Unfälle oder Leiden. Gemäß dem Gesetz Was der Mensch sät, wird er auch ernten führen wir diese Dinge durch unser eigenes negatives, destruktives Denken herbei.
- Ihre Vorstellung von Gott ist das Wichtigste. Wenn Sie wirklich an einen Gott der Liebe glauben, wird Ihr Unterbewusstsein mit unzähligen Segnungen auf Sie reagieren. Glauben Sie an einen Gott der Liebe.
- Das Lebensprinzip, oder Gott, hegt keinen Groll gegen Sie. Das Leben verurteilt Sie nie. Das Leben heilt eine schwere Schnittwunde an Ihrer Hand. Das Leben vergibt Ihnen, wenn Sie sich den Finger verbrennen. Es lässt das Ödem abklingen und sorgt für vollkommene Wiederherstellung.

- Ihr Schuldkomplex beruht auf einer falschen Vorstellung von Gott und dem Leben. Gott, oder das Lebensprinzip, bestraft oder verurteilt Sie nicht. Sie selbst tun sich das an – durch Ihre falschen Überzeugungen, Ihr negatives Denken und Ihre Selbstverurteilung.
- Gott, oder das Lebensprinzip, verurteilt oder verdammt Sie nicht. Die Kräfte der Natur sind nicht böse. Ihre Wirkung hängt davon ab, wie Sie Ihre innere Kraft nutzen. Sie können Elektrizität verwenden, um jemanden zu töten oder um ein Haus zu beleuchten.
- Sie können Wasser verwenden, um ein Kind zu ertränken oder um Ihren Durst zu stillen. Gut und Böse lassen sich auf den Gedanken und die schöpferische Absicht in Ihrem eigenen Geist zurückführen.
- Gott, oder das Lebensprinzip, bestraft niemals. Wir bestrafen uns selbst durch unsere falschen Vorstellungen von Gott, vom Leben und vom Universum. Unsere Gedanken sind kreativ, und wir erschaffen unser eigenes Leid.
- Wenn jemand Sie kritisiert und diese Kritik gerechtfertigt ist, dann freuen Sie sich, sprechen Sie Ihren Dank aus und wertschätzen Sie die Bemerkungen. Das gibt Ihnen die Möglichkeit, Fehler zu korrigieren.
- Sie können nicht durch Kritik verletzt werden, wenn Sie wissen, dass Sie Herr über Ihre Gedanken, Reaktionen und Gefühle sind. Das gibt Ihnen die Möglichkeit, zu beten und den anderen zu segnen, wodurch Sie sich selbst segnen.

- Wenn Sie um Führung und richtiges Handeln beten, dann nehmen Sie an, was auch immer kommt. Erkennen Sie, dass es gut und sehr gut ist. Dann gibt es keinen Grund für Selbstmitleid, Kritik oder Hass.
- Es gibt nichts Gutes oder Schlechtes – erst das Denken macht es dazu. Es ist nichts Schlechtes an Sex, am Verlangen nach Nahrung, an Reichtum oder wahrer Entfaltung. Es kommt darauf an, wie Sie diese Triebe, Wünsche oder Bestrebungen nutzen. Ihr Wunsch nach Nahrung kann erfüllt werden, ohne dass Sie jemanden für einen Laib Brot töten müssen.
- Groll, Hass, Missgunst und Feindseligkeit sind die Ursache für eine Vielzahl von Krankheiten. Vergeben Sie sich selbst und allen anderen, indem Sie all jenen, die Sie verletzt haben, Liebe, Leben, Freude und Wohlwollen entgegenbringen. Machen Sie so lange weiter, bis Sie ihnen im Geiste begegnen und mit ihnen in Frieden sind.
- Vergeben heißt, etwas zu geben. Schenken Sie anderen Liebe, Frieden, Freude, Weisheit und alle Segnungen des Lebens, bis Sie keinen Stachel mehr in Ihrem Herzen verspüren. Das ist die echte Feuerprobe für Vergebung.
- Lassen Sie die Vergangenheit Vergangenheit sein. Wenn jemand Sie in der Vergangenheit verletzt, belogen, verleumdet und alles Mögliche über Sie gesagt hat, denken Sie dann immer noch negativ über diesen Menschen? Kocht es in Ihnen, wenn Sie an sie oder ihn denken? Wenn ja, dann sind die Wurzeln des Hasses, die

Ihnen und Ihrem Wohlbefinden schaden, noch vorhanden. Der einzige Weg besteht darin, sie mit Liebe auszureißen, indem Sie diesem Menschen alle Wohltaten des Lebens wünschen, bis Sie ihm in Ihrem Geist begegnen und ihm aufrichtig einen Segen des Friedens und des Wohlwollens spenden können. Das ist die Bedeutung von Vergeben bis zu siebzigmal siebenmal.

Über den Autor

Dr. Joseph Murphy (1898–1981) war ein führender Vertreter der Neugeist-Bewegung, die im späten 19. und frühen 20. Jahrhundert von Philosophen und tiefen Denkern entwickelt wurde, welche eine neue Sichtweise auf das Leben und die Verwirklichung von Wünschen vertraten und praktizierten. Murphy, der als eine der Hauptfiguren der Human-Potential-Bewegung gilt, wird als geistiger Vater von Schriftstellern wie Napoleon Hill, Dale Carnegie und Emmet Fox angesehen und hatte direkten Einfluss auf Autoren zeitgenössischer Motivationsbücher wie Tony Robbins und Louise Hay.

Murphy wurde in der Tradition der Jesuiten erzogen, interessierte sich aber zunehmend für neue Erfahrungen durch die Macht des Gebets; schließlich wandte er sich in seinen Studien verschiedenen asiatischen Religionen und den östlichen Philosophien zu. Er ging nach Indien, um alle großen Religionen von ihren Anfängen an gründlich zu studieren, und weitete diese Studien auf die großen Philosophen von der Antike bis zur Gegenwart aus.

Murphy schrieb mehr als dreißig Bücher, von denen das berühmteste, *Die Macht Ihres Unterbewusstseins,* erstmals 1963 veröffentlicht wurde und sich zu einem internationalen Bestseller entwickelte, mit weltweit mehreren Millionen verkauften Exemplaren. Mitte der 1940er-Jahre zog er nach Los Angeles, wo er Pfarrer der Los Angeles Divine Science Church wurde, die er zu einer der größten Neugeist-Gemeinden des Landes ausbaute.

Das Unmögliche möglich machen

112 Seiten, Flexobroschur, ISBN 978-3-424-20181-9

Unser Unterbewusstsein ist weitaus mächtiger, als wir annehmen. Unsere Gedanken entscheiden über Erfolg oder Niederlage. Nur wer in der Lage ist, sein Unterbewusstsein positiv zu beeinflussen, kann Schwächen in Stärken umwandeln und Herausforderungen mit Zuversicht meistern. Dr. Joseph Murphy, der Wegbereiter des positiven Denkens, bietet 52 Affirmationen, die in allen Lebenslagen helfen, und offenbart, wie sich diese erfolgreich umsetzen lassen.